BEI GRIN MACHT
WISSEN BEZAHL˙

Bibliografische Information der Deutschen Nationalbibliothek:

Die Deutsche Bibliothek verzeichnet diese Publikation in der Deutschen National-
bibliografie; detaillierte bibliografische Daten sind im Internet über http://dnb.d-
nb.de/ abrufbar.

Impressum:

Copyright © 2015 GRIN Verlag, Open Publishing GmbH
Druck und Bindung: Books on Demand GmbH, Norderstedt Germany
ISBN: 978-3-668-13352-5

Dieses Buch bei GRIN:

http://www.grin.com/de/e-book/314676/analyse-der-dargestellten-emotionen-und-
rezeptionsemotionen-in-der-novelle

Anonym

**Analyse der dargestellten Emotionen und Rezeptionse-
motionen in der Novelle "Angst" von Stefan Zweig**

GRIN Verlag

GRIN - Your knowledge has value

Der GRIN Verlag publiziert seit 1998 wissenschaftliche Arbeiten von Studenten, Hochschullehrern und anderen Akademikern als eBook und gedrucktes Buch. Die Verlagswebsite www.grin.com ist die ideale Plattform zur Veröffentlichung von Hausarbeiten, Abschlussarbeiten, wissenschaftlichen Aufsätzen, Dissertationen und Fachbüchern.

Besuchen Sie uns im Internet:

http://www.grin.com/

http://www.facebook.com/grincom

http://www.twitter.com/grin_com

Inhaltsverzeichnis

1. Einleitung

In meiner Arbeit beschäftige ich mit der Novelle *Angst* von Stefan Zweig. Anhand dieses Werkes werde ich einerseits die dargestellten Emotionen vorstellen, anderseits die möglichen Emotionen des Lesers untersuchen. In dieser Untersuchung geht es mir um die Fragen, ob die dargestellten Emotionen gleich oder verschieden im Vergleich zu den Emotionen des Lesers sind, bzw. ob es Übereinstimmungen zwischen ihnen gibt. Welche Beziehung besteht zwischen der psychoanalytischen Darstellungsweise der Hauptfigur und der Textaufbaustrategie der Erzählung?

Stefan Zweig hat sein Werk *Angst* im Jahre 1910 geschrieben, also in einer Epoche, „in der man Psychologie sozusagen mit dem Zeitgeist einatmete" (Dittrich 2010, S. 43.) Deshalb halte ich die Darstellung der Epochenmerkmale für wichtig, und ebenso die Darstellung der Beziehung zwischen Stefan Zweig und der Psychologie, weil ich die im Werk dargestellten Emotionen anhand psychoanalytischer Theorien veranschauliche. Bei der Darstellung der Emotionen des Lesers, ist eine komplexe wissenschaftliche Annäherung nötig. Dem gegenwärtigen Forschungsstand liegt keine empirisch geprüfte Methode zur Analyse der Rezeptionsemotionen vor, die in jeder Hinsicht zuverlässig wäre, und alle Anhaltspunkte umfassen würde. In diesem Sinne, ist meine Absicht in der Arbeit diese Vielfalt von Theorien und Anhaltspunkten darzustellen und bei der Analyse der Rezeptionsemotionen zu verwenden. Die Methoden und Konzepte der Forschungen, die sich mit den Rezeptionsemotionen beschäftigen, bilden die Grundlage für eine weit nicht abgeschlossene Debatte zwischen den Wissenschaftlern. Jede Theorie erklärt die Emotionen des Lesers aus einem anderen Standpunkt. Der Ausgangspunkt meiner Analyse, beruht auf der Behauptung von Simone Winko, dass die Emotionen nicht nur subjektiv, sondern auch intersubjektiv betrachtet werden können. Der Mensch ist nicht nur ein subjektives Lebewesen, sondern auch ein Teil der Gesellschaft bzw. der Kultur. Die subjektiven Faktoren wie Erinnerungen, Erfahrungen usw. spielen eine entscheidende Rolle bei der Entstehung der Emotionen, aber ich werde im oben erwähnten Sinne die Emotionen aufgrund ihrer kulturellen und biologischen Faktoren in Betracht nehmen. (Winko 2003, S. 13ff)

Im ersten Teil meiner Arbeit stelle ich das Zeitalter vor, in dem dieses Werk entstanden ist, mit besonderer Hinsicht auf die gesellschaftlichen Normen und die Entwicklung des wissenschaftlichen Lebens. In der Novelle *Angst* werden die damaligen gesellschaftlichen Beziehungen dargestellt, wobei die Frau eine untergeordnete Rolle spielt und in jeder Hinsicht von ihrem Ehemann abhängig ist. Die Familie, die der Keim jeder

Gesellschaft ist, wird als eine Welt voller Spannungen dargestellt. Die Spannung ist nicht nur in der Familie, sondern auch zwischen den Gesellschaftsschichten fühlbar, zwischen Irene und der arbeitslosen Erpresserin. Eine weitere Charakteristik des Werkes ist, dass der emotionelle Zustand der Hauptheldin mit Hilfe von psychologischen Elementen dargestellt ist. Das lässt sich mit der Verbreitung psychologischer Erkenntnisse um die Jahrhundertwende erklären. Das literarische Leben und die literarischen Werke der Zeit standen unter dem starken Einfluss der Freudschen Lehren.

Im zweiten Teil meiner Arbeit stelle ich die Beziehung zwischen Freud und Zweig dar, und ich lege einen speziellen Akzent auf die Wirkung der Freudschen Lehre in der Novelle von Zweig. In diesem Punkt wird meine Hypothese formuliert, nach der die im Werk dargestellten Emotionen mit den Methoden der Psychoanalyse analysiert werden können. Danach folgt die kurze Darstellung von den Thesen Freuds, wie die Dreiteilung der menschlichen Psyche und die Angsttheorie. Aufgrund dieser Theorien versuche ich die dargestellten Emotionen im Werk vorzustellen.

Im dritten Teil beschäftige ich mich mit der Analyse von Emotionen des Rezipienten, welche ein durchaus junger Forschungsbereich in der Literaturwissenschaft ist. Die kognitive Literaturwissenschaft beschäftigt sich mit dem Rezeptionsprozess, dabei dient sie als Verbindungselement zwischen verschiedenen wissenschaftlichen Bereichen. Zuerst werde ich die Entwicklung der literarischen Emotionsforschung darstellen, danach beschäftige ich mich mit den wissenschaftlichen Erläuterungen von den Emotionen des Rezipienten. Zweitens, versuche ich die möglichen Emotionen des Lesers aufgrund der relevanten Figurendarstellungen in Zweigs Novelle zu bestimmen. Die Grundlage dazu ist die Darstellungsstrategie der Gestalten im Werk. Zuletzt beschreibe ich die Strategien, die bei der Darstellung der Handlung verwendet werden und im Zusammenhang mit den emotionellen Wirkungen des Erzählens stehen. Die Narratologie dient als Grund für die Analyse der Erzählerstrategie. Die kognitive Psychologie und die Evolutionspsychologie, die bei den emotionspsychologischen Forschungen eine wichtige Rolle spielen, helfen auch bei der Darstellung möglicher Emotionen bei der Rezeption.

2. Geschichtliche Hintergründe und die Literatur der Jahrhundertwende

Das Ende des 19. Jahrhunderts und der Anfang des 20. Jahrhunderts, die Epoche der Jahrhundertwende, ist durch Veränderung, Entwicklung und Modernisierung bestimmt. Obwohl in Deutschland und Österreich-Ungarn verschiedene soziale und politische Umstände waren, herrschte in beiden Territorien eine krisenhafte Zeitstimmung. Diese Jahrzehnte werden von Industrialisierung, Bevölkerungswachstum, technische Aufschwung, Anwachsen der Städte bestimmt. Als Konsequenzen dieser Veränderungen galten zum Beispiel: die Entstehung der Arbeiterklasse, Urbanisierung, Verstärkung der sozialen Unterschiede zwischen den bürgerlichen und adeligen Lebensformen und der industriellen Massengesellschaft usw. (Žmegač 1985, S. 256ff)

„Trotz aller Veränderungen blieb jedoch die Verwurzelung der feudalen Traditionen gerade im Alltagsleben ungebrochen spürbar." (Žmegač 1985, S. 259) Die Gesellschaft wurde patriarchalisch organisiert und die Probleme tauchten auch in den persönlichen Beziehungen zwischen Männer und Frauen auf. Damals hatten die Männer solche Privilegien, wie Recht auf Bildung und Wahlrecht, worüber die Frauen nicht verfügten. Die zentrale Aufgabe der Frauen waren die Haushaltsführung, Kindererziehung und Erfüllung der Wünsche ihres Mannes. Bei den hochgestellten Frauen, die Dienstmagd und Gouvernante hatten, trat zusammen mit dem Lebensgefühl des Nichtstuns auch das Gefühl der Langeweile auf. Neben der Langeweile waren die Resignation, Entfremdung, Vereinsamung, Melancholie solche Merkmale, die für das Leben der Frauen charakteristisch waren. Es ist auch wichtig zu erwähnen, dass sich die Emanzipationsbestrebungen der Frauen um die Jahrhundertwende verstärkt haben. Darauf reagierte unter anderem auch die Literatur und die Autoren beschäftigten sich mit der Darstellung der Frauentypen und Gesellschaftskritik. (Fabiś 2012, S. 8-17)

Das Lebensgefühl der Epoche wird durch die Polarität zwischen Aufbruchsstimmung und Endzeitstimmung beeinflusst, das durch „Kraft und Verfall, Hoffnung und Verzweiflung, Lebensoffenheit und Lebensabgewandtheit geprägt ist." (Planz 1996, S. 20f). Diese Atmosphäre schuf günstige Bedingungen für die Entstehung verschiedener literarischer Strömungen. Alle Stilrichtungen der Literatur der Jahrhundertwende haben trotz der Unterschiede einen gemeinsamen Grundzug, die Abwendung von dem Naturalismus, der sich um die objektive und naturgetreue Wiedergabe der Wirklichkeit bemühte. In den Fokus des Interesses rückten die Subjektivität, Seelenzustände, Wahrnehmung, Nerven und Neurosen,

Innerlichkeit, Stimmungen und Gefühlen. Die literarischen Werke, die sich mit der Darstellung solcher Phänomene beschäftigten, wurden als „höhere Kunst" bezeichnet. „Die „neue" Kunst sollte subjektiv sein, aus dem „inneren Geist", aus der „Seele" kommen." (Balzer 1990, S. 351.)

Die literarischen Strömungen wurden nicht nur durch die politischen, gesellschaftlichen und wirtschaftlichen Veränderungen beeinflusst, sondern auch durch Wissenschaftler wie Friedrich Nietzsche, Arthur Schoppenhauer, Sigmund Freud, Hermann Bahr, Ernst Mach usw. Besonders Sigmund Freud war die prägende Figur der Epoche mit seiner Psychoanalyse, Traumdeutung, damit ermöglichte er die Erforschung des Unterbewussten, und zog eine radikale Veränderung in der Auffassung und Denkweise der damaligen Gesellschaft und in der Psychologie des Menschen nach sich. Alle Autoren wie Arthur Schnitzler, Hugo von Hofmannstahl, Rainer Maria Rilke, Thomas Mann und auch Stefan Zweig, die in dieser Epoche wirkten, spiegelten Freuds Ideen in ihren Werken wider. (Balzer 1990, S. 355f) Deren neue Sicht der Wirklichkeit forderte von den Künstlern ein neues Konzept ihrer Werke ab. Die traditionelle Erzähltechnik wurde durch Verwendung des inneren Monologs, der erlebten Rede, Andeutungen, Ironie, ästhetischer Darstellungsform, innerer Stimmungen und psychologischen Vorgänge, des dramatischen Aufbaus usw. abgelöst. Die bevorzugten literarischen Gattungen waren die kurzen Formen wie Novelle, Einakter, Lyrik und Prosaskizze. In denen solche Themen wie Liebe, Leben, Tod, Kunst, Scheinwelt, Krise des Subjekts und Realitätsflucht in den Vordergrund gestellt wurden. (Žmegač 1985, S.270 ff)

3. Die dargestellten Emotionen in der Novelle *Angst*

3.1 Psychoanalytische Einflüsse auf Stefan Zweig und seine Novelle

Viele Literaturgeschichten und Kritiker beschäftigen sich mit der Erfassung von Stefan Zweigs Beziehung zu Sigmund Freud und seiner Wirkung auf Zweigs Novellen. Karin Dittrich fasst diese Forschungsergebnisse in ihrem Aufsatz *Psychoanalytische Einflüsse in Stefan Zweigs Novellen* eingehend zusammen. Ich möchte die relevanten Informationen aus ihrer Arbeit hervorheben. Die Entwicklung der Psychoanalyse durch Sigmund Freud fällt in die Zeit der Jahrhundertwende. In dieser Epoche verhandelte das gesamte kulturelle Europa über seine Thesen und es gibt kaum einen Autor der literarischen Moderne, der sich nicht mit der Psychoanalyse auseinandergesetzt hat. Neben Zweig wurde von Freuds Ideen Arthur

Schnitzler, Thomas Mann, Hermann Hesse u.a. beeinflusst. Als Quelle für Forschungen, die sich mit der Beziehung zwischen Freud und Zweig befassen, gelten ihre Briefwechsel und Zweigs Werke, die er für bzw. über Freud geschrieben hat. Diese verweisen auf eine Bekanntschaft und in späteren Jahren eine Freundschaft zwischen ihnen, die von gegenseitiger Hochachtung gekennzeichnet ist. Aus dem Briefwechsel geht hervor, dass Zweig ein Bewunderer von Sigmund Freud war. Zweig verehrte Freud besonders wegen seiner innovativen Gedanken und seinem Mut, dass er sich mit solchen Themen beschäftigte wie Sexualität, Leidenschaft, Verdrängung und Motivationen menschlichen Handels. Diese psychoanalytischen Erkenntnisse sind in Zweigs Novellen auch auffindbar. In ihren Briefwechseln haben sie Gedanken über ihre Werke ausgetauscht. Außerdem widmete Zweig dem Psychologen Freud sein Werk mit dem Titel *Der Kampf mit dem Dämon*. Im Vorwort dieses Werkes hat er seine Stellungnahme zur Freudschen Lehre bekannt gemacht, als er die Bezeichnung „Psychologe aus Leidenschaft" (Dittrich 2010, S. 44) für sich selbst verwendet hat. Er hat auch ein Essay über Freud und seine psychologischen Ideen verfasst, der in dem Band *Die Heiligung durch den Geist* erschienen ist. Was den psychoanalytischen Einfluss auf Zweigs Werke betrifft, stimmen die Studien darin überein, dass Freuds Ideen hauptsächlich in seinen Novellen eine große Rolle spielt. Zu dieser Feststellung fügt Ren hinzu, „dass [die psychoanalytische Tendenz] nicht als einzige angesehen oder auf Kosten der anderen Bestandteile wie des Literarischen und der literarischen Ansprüche überbetont werden darf." (Dittrich 2010, S. 51) Laut Ren, liegt die bisherige Kritik mehr Wert auf die psychoanalytische Perspektive bei der Analyse der Werke von Stefan Zweig, aber bei ihm geht es auch um die künstlerische Darstellung der menschlichen und gesellschaftlichen Probleme. Durch seine Novelle *Angst* bekommen wir auch ein Bild über die gesellschaftlichen Normen und Moral der Jahrhundertwende, wo die Frauen in jeder Hinsicht von ihren Eltern und später ihren Männern abhängig waren. Die Geschichte wurde aus Irenes Perspektive erzählt. Sie gehört zu dem Großbürgertum und ihr gesellschaftlicher Status erfordert von ihr die Enthaltung bestimmter Konventionen. Aus diesem Grund kann sie ihre Wünsche folgenlos nicht erledigen. Im Werk wird neben dem Konflikt zwischen Familienmitglieder, auch der Konflikt zwischen den sozialen Schichten, d.h. zwischen Irene und der arbeitslosen Erpresserin, dargestellt. In diesem Sinn geht es in der *Angst* um eine Gesellschaftskritik, in der die Psychoanalyse eher als eine Hilfe z.B. bei der Darstellung des psychischen Innenlebens der Figuren, betrachtet werden sollte. (Dittrich 2010, S. 44-51)

In meiner Analyse werde ich die psychoanalytische Perspektive auch als ein Mittel verwenden, um die dargestellten Emotionen im Werk zu erläutern, wozu eine nähere

5

Betrachtung des Strukturmodells der Persönlichkeit und der Trieb- und Angsttheorie Freuds nötig sind. Freud teilt die menschliche Psyche in drei Instanzen ein, die teilweise integriert werden und teilweise in Konflikt miteinander geraten können. Aus diesen Konflikten kommen neben der Angst weitere Emotionen zustande.

3.2 Das Strukturmodell der Persönlichkeit

Die Persönlichkeit des Menschen besteht aus drei Instanzen: Es, Ich und Über-Ich. Das Es bezeichnet Freud als die Triebinstanz, dazu gehören der Sexualtrieb (Libido), Lebenstrieb (Eros), Todestrieb (Thanatos) und Aggressivität, die vom Lustprinzip gesteuert wird. Die Gemütsbewegungen werden durch diese Triebe ausgelöst. Im Es sind solche unbewusste Prozesse verwurzelt, wie die Motive des Handels, deren Ziele die Unlustvermeidung und die Befriedigung der Wünsche und Bestrebungen ohne Rücksicht auf die Selbsterhaltung sind. Das Ich steht zwischen dem Es und der Außenwelt. Es beinhaltet die strukturelle Einheit des Denken, Bewusstsein bzw. der Vernunft und ist für das Aufrechterhalten des inneren Gleichgewichts durch Entwicklung der Abwehrmechanismen verantwortlich. (Freud 1980, S. 510ff) Anhand der Novelle, wenn wir Irenes Verhalten in Betracht ziehen, können wir über den Zwiespalt der Psyche sprechen. Sie verfügt über zwei Instanzen, über das Es und das Ich. Der Konflikt zwischen den Triebkräften und dem Realitätsprinzip, das die Triebe zu verdrängen versucht, zieht sich durch die ganze Geschichte. Dieser Konflikt führt zur Auslösung der Emotionen und Verteidigungsmechanismen, die ich im nächsten Absatz analysieren werde. Hier möchte ich durch ein Beispiel meine Behauptung begründen, dass es in Irenes Fall um den Zwiespalt von der Psyche geht: Irene begann ein Abenteuer mit einem Pianisten aus „einer Art unruhigen Neugier." (Zweig 1957, S. 11.) Sie wollte sich „seit ihren Mädchentagen wieder in ihrem Innersten gereizt [fühlen]." (S. 11). In Irenes Verhalten spielt das Lustprinzip, die Erfüllung ihres Begehrens, eine wichtige Rolle. Nach der Begegnung mit der Erpresserin kommt Irenes Bewusstes zum Vorschein. Sie versucht die Affäre zu beenden und ihr Unbewusstes zu verdrängen, um ihr inneres Gleichgewicht zu erhalten. Gemäß der Theorie von Freud ist das dritte System der Persönlichkeit das Über-Ich. Es besteht aus dem Gewissen und Ich-Ideal, präsentiert die Normen und Werte und vertritt das Moralitätsprinzip. Sein Ziel besteht darin, das Ich zu kontrollieren. (Freud 1980, S. 499f) In diesem Sinne lässt sich es zu Irenes Ehemann zuordnen, der als Rechtsanwalt tätig ist. Für Irene gelten die Normen des Ehemannes, der im weiteren Sinne die Werte der Gesellschaft repräsentiert.

3.3 Analyse der dargestellten Emotionen

Der Titel der Novelle ist *Angst*, dieses Gefühl zieht sich durch die ganze Geschichte und kommt in verschiedener Weise zustande. Nach Freud gibt es drei Grundtypen der Angst: Realangst, neurotische Angst und moralische Angst. In seiner Theorie unterscheidet er Angst und Furcht voneinander[1], die in der Alltagssprache als Synonym verwendet werden. Unter Furcht versteht er das Gefühl einer konkret wahrnehmbaren, fassbaren Bedrohung, die meist rational begründbar ist, und sich auf die Außenwelt, d.h. auf ein bestimmtes Objekt oder eine Situation bezieht. Diese Reaktion des Bewusstseins kann ein Angstausbruch oder Schutzhandlung durch Flucht oder Kampf sein. Dagegen ist die Angst ein gegenstandsloses, unbestimmtes Gefühl, die sich auf den inneren Zustand bezieht und als Kombination mit anderen Gefühlen hervorkommt. (Freud 1980, S. 382) Die Realangst entspricht der Furcht. In diesem Sinne fürchtet sich das Ich vor den Konsequenzen der Realität. Irene hat konkrete Furcht vor „jede[m] fremde[n] Blick". (Zweig 1957, S. 3.) wenn sie unter den Menschen ist. Ihre Furcht verkörpert die Erpresserin, die die Gefahr von der Entdeckung der Liebesaffäre bedeutet. Irene möchte ihre ruhige, bürgerliche Existenz bewahren und hat Furcht davor, „als geschiedene Frau, Ehebrecherin, befleckt vom Skandal, hinzuleben" (S. 51). Nach jeder Konfrontation mit der Erpresserin brechen ihre Gefühle aus und sie „begann mit einem Male so zu zittern, daß es sie schüttelte. In der Kehle klomm etwas Bitteres empor, sie spürte Brechreiz und zugleich eine sinnlose, dumpfe Wut [...]" (S. 6). Auf die Wahrnehmung äußerer Gefahr reagiert sie mit einem Fluchtreflex, in dem sie der Erpresserin Geld gibt, um sich frei zu machen.

Im Gegensatz zur Realangst bezieht sich die neurotische Angst nicht auf einen konkreten Sachverhalt, sondern bezeichnet den Konflikt zwischen dem Es und dem Ich. In diesem Fall soll das innere Gleichgewicht des Ichs erhalten bleiben und das Es verdrängen, wenn es nicht gelingt, entsteht diese Form der Angst. (Freud 1980, S. 517) Irene fühlte „die Wollust aller Angst" (S. 12.) vom Anfang der Beziehung mit ihrem Geliebten an. „Den Schauer vor ihrer eigenen Schlechtigkeit, der sie in den ersten Tagen erschreckte, verwandelte ihre Eitelkeit so in gesteigerten Stolz." (S. 12). Bei der Erweckung ihres Realitätsprinzips spielt die Erpresserin eine wichtige Rolle. Nach der ersten Begegnung mit der Frauenperson möchte Irene ihrer Affäre ein Ende machen, aber ihre Wünsche, sich selbst wieder attraktiv zu

---

[1] Zwischen den Begriffen Angst (angor) und Furcht (timor) werden schon in der lateinischen Sprache Unterscheidung gemacht. Sören Kierkegaard hat auch in seinem Werk *Der Begriff der Angst* die Unterscheidung zwischen Angst und Furcht erörtert, auf den allerdings Freud keinen Verweis macht. (Balzereit 2010, S. 60;62)

fühlen, waren stärker als ihre Angst „vor irgendeiner Person, die sie gar nicht kannte" (S. 15).

Irene hat die Einladung ihrer Geliebten zu einer flüchtigen Begegnung angenommen, „weil diese Gier ihrer Eitelkeit schmeichelte und sie durch seine ekstatische Verzweiflung entzückte" (S. 14). Sie fühlt sich sorglos und innerlich froh bis zum zweiten Zusammentreffen mit der Erpresserin, die nicht nur ihr Geheimnis aufdeckt, sondern ihren Namen und ihre Wohnadresse weiß. „Wehrlos fühlte sie sich gegen die nackte Brutalität dieser Gemeinheit, und immer wirbeliger faßte sie der Angstgedanke, […]. (S. 17-18.) Dieses Bewusstsein ist für sie unerträglich und sie spürt Ekel, Hoffnungslosigkeit und Schmerz. Irenes Unbewusstes reagiert auf diese Gefühle mit Abwehrmechanismen, sie hat das Haus drei Tage lang nicht verlassen, inzwischen hatte sie sich von ihr selbst entfremdet. Ihre innere Angst verwandelt in Nervosität und sie benimmt sich hysterisch. „Bei jedem Anruf des Telefons, jedem Klingeln an der Tür schrak sie zusammen […]. (S. 22.) Die Spannung, zwischen Bewusstem und Unbewusstem, zwischen Ich und Es, wechseln sich stätig in Irenes Innenraum. Ihre Angst wird immer stärker und bringt andere Gefühle mit sich wie Ekel, Zorn, Nervosität, Erregung, Verzweiflung usw. Meines Erachtens, kann ihr Traum als Höhepunkt ihrer neurotischen Angst betrachtet werden, in dem, nach Freuds Traumtheorie, die unerfüllten Wünsche zum Ausdruck gekommen sind. (Freud 1980, S. 220) Nach der Ansicht einiger Kritiker, mit der ich einverstanden bin, geht es in dieser Novelle eher um einen Angsttraum als um einen Wunscherfüllungstraum.

> In ihrem Angsttraum sieht sich die Frau halbnackt unter den Menschen, wie sie vor der Erpresserin flüchtet und schließlich in ihrem Haus anlangt, wo ihr Mann sie mit einem Messer bedroht. […] Es ist jedoch möglich, den Traum auch als Wunscherfüllung auszulegen, in dem Sinne, dass die Träumende sich die Entdeckung ihrer Tat herbeisehnt, um die verdiente Strafe zu erhalten. (Dittrich, S. 54.)

Die ständige psychische Belastung durch die Forderungen der Erpresserin und ihrer Umgebung, der sie ausgesetzt wird, wurde aufgelöst, als sie über das Verschwinden ihres Verlobungsringes lügen musste. Mit dieser Notlüge stellt sie eine Frist, um der „psychologische[n] Spürjagd" (S. 32) ein Ende zu machen. Irenes Lebenstrieb wandelt in den Todestrieb. Sie fühlt Müdigkeit und „[d]ie Nervosität wich wunderbar einer geordneten Überlegung, die Angst einem ihr selbst fremden Gefühl kristallener Ruhe, dank der sie alle ihre Dinge ihres Lebens plötzlich durchsichtig und in ihrem wahrhaften Wert sah." (S. 51)

Die Auflösung ihrer Angst, die ihr das Gefühl von innerem Frieden verleiht, wurde durch den Selbstmordgedanken hervorgerufen.

Im Selbstmordgedanken spielt nicht nur Irenes innerer Spannung, sondern auch ihre moralische Angst eine wichtige Rolle. Diese Angst entsteht durch den Konflikt zwischen dem Ich und dem Über-Ich, also zwischen Irene und ihrem Mann, Fritz. Der Ehemann vertritt die Normen, Werte und Verbote der Gesellschaft, wozu sich die Frau anpassen sollte. Wenn es misslingt, kommt das Scham- und Schuldgefühl hervor. Einerseits hatte Irene als Mutter die Erwartungen ihres Mannes erfüllt und auch ihren Eltern gehorcht, andererseits konnte sie ihre instinktiven Begierden, die aus der Langweile ihres Lebens entstanden sind, nicht unterdrücken. Irene ist sich bewusst, dass sie Schlechtes tut, indem sie ihren Mann betrügt, denn schon am Anfang fühlt sie die „Schauer der Schuld" (S. 3). Irenes Verpflichtung gegenüber ihrer Familie und ihres Mannes, der sich um die Erhaltung der Scheinwelt bemühte, gilt als Grund dafür, dass sie die Affäre mit „allen Möglichkeiten der Überprüfung trotzende Lüge" verheimlicht. Irene verschleiert wegen des Schamgefühls nicht nur ihre Affäre, sondern auch ihr Gesicht, wenn sie den gefahrvollen Besuch wagt. Bei jedem Gespräch mit ihrem Mann, immer wenn sie an ihn denkt oder wenn sie mit seinem kalten und starren Blick zusammenstieß, erfasst sie „unwillkürlich ein peinliches Gefühl der Scham". (S. 8.) Irenes Sozialisierungswunsch lässt sich an dem Abend erkennen, als sie und Fritz von ihren Freunden eingeladen werden. An diesem Abend verliert sie alle ihre Hemmungen, bis ihr Mann sie wieder in die Realität zurückzieht. Dieser Konflikt zwischen dem Es und Über-Ich führt zu Irenes Alptraum und sie fühlt sich bedroht von ihrem Mann. Obwohl er seine Frau nur von ihrer Last entlassen möchte. Irene fühlt sich aber zu Hause immer mehr entfremdet und bemerkt, „wie fremd und unbekannt [ihr Ehemann] ihr geblieben war." (S. 20) Sie hat keine Ahnung, wie ihr Mann auf den Fehltritt reagieren würde. Irene hatte Angst vor der Strafe. In der Gerichtsverhandlung zu Hause sieht sie ihr eigenes Schicksal, wo das Kind verurteilt wird und das Verhalten ihres Mannes erschreckend war. Nach dem Urteil hat Fritz bekannt gemacht, dass

[d]ie Angst ärger als die Strafe [ist], denn die ist ja etwas Bestimmtes und, viel oder wenig, immer mehr als das entsetzlich Unbestimmte, dies Grauenhaft-Unendliche der Spannung. [...] Die Ritter leiden manchmal mehr dabei als die Opfer. [...] Diese kleine Angst vor dem Wort finde ich kläglicher als jedes Verbrechen. (S. 42-43)

Irene hat aber keinen Mut, ihre Schuld zu gestehen. Sie wählt die Flucht in den Tod, als eine Art Problemlösung oder Selbstbestrafung. Am Ende der Geschichte wurde sie von ihrem Mann, als dem Ritter ihres Lebens, von ihrer Schuld entbunden. „Und Heiligkeit spürte sie in sich, entwölkt und die durch Gewitter gereinigt das eigene Blut." (S. 63.)

Im Mittelpunkt des Werkes steht die ausführliche Darstellung der Gefühle von Irene. Diese verwirrten Gefühle werden durch die unvermeidlichen Konflikte zwischen den Teilen ihrer Psyche hervorgerufen. Anfangs fühlt sie eine „unsinnige[...] und lächerliche[...] Angst" (S. 3), die sich mit der Zeit zu einer „brennende[n] Angst" (S. 39) verwandelt. Ihre schlechten Gefühle, sowie das körperliche Übelfühlen, verstärken ihre ursprüngliche Angst. Irenes Angst bezieht sich auf mehrere Dinge; so am Anfang hat sie Angst vor der Entdeckung ihrer Affäre. Dazu kommt die Angst vor dem Verlust ihres sozialen Standes und vor der Strafe. Durch diese seelischen Qualen kommen neue Gefühle hervor wie Selbstentfremdung und Gedanken über Selbstmord bzw. Tod. Diese Gefühle regieren ihr ganzes Benehmen und Verhalten zur Umgebung. Sie ist immer gespannt, ihre gespannten Nerven beeinflussen sowohl ihr Bewusstsein, als auch ihr alltägliches Leben. Sie hat ständig schlechtes Gewissen, Schuldgefühl, Schamgefühl und Angst, und unter diesen Umständen sind ihre Nerven hochgespannt. Sie findet keinen Ausweg aus der Situation und verurteilt sich zum Tod. Es lässt sich feststellen, dass die Emotionen, die anhand des Strukturmodells der Persönlichkeit und der Angsttheorie von Freud und im Werk dargestellt werden, in Einklang stehen.

4. Forschungsüberblick über die Emotionen der Rezipienten

Um die Jahrhundertwende hat Hermann Bahr, ein wichtiger Vertreter der Wiener Moderne, die Aufgabe des Schriftstellers formuliert. Nach Bahr hat die Literatur die Fähigkeit Gefühle nicht nur auszudrücken, sondern auch hervorzurufen. Seine Konzeption war nicht neu, schon seit der Antike haben sich Philosophen wie Aristoteles mit den Gefühlen beschäftigt. „So hat die Frage nach der Funktion und Wirkung von Gefühlen in der Literaturtheorie, in Poetiken und Ästhetiken immer wieder eine zentrale Rolle gespielt." (Fehlberg 2013, S. 9) Seit 1990 beschäftigt sich die Literaturwissenschaft mit der Emotionsforschung, die die Resultate diverser Wissenschaftsgebieten für ihre Forschungen benutzt und erweitert. Anfangs wurden nur die in den literarischen Werken dargestellten Emotionen erörtert, in dem der Leser als Rezipient weniger in Acht genommen wurde. Die textorientierte Emotionsforschung fokussiert sich auf die dargestellten Emotionen im literarischen Werk und beschäftigt sich nicht mit den „psychologische[n] Phänomenen, die auf Seiten des Lesers im Lektüreprozess entstehen" (Fehlberg 2013, S. 12) können. Die Rezeptions- und Wirkungsästhetik, die in den 1960er/70er Jahren erschien, richtet sich auf den Leser, als den Teilnehmer der literarischen Kommunikation. Ihre Ergebnisse liegen der Kognitionswissenschaft zugrunde, die sie durch eine andere Sichtweise weiterentwickelt. Der kognitionstheoretische Ansatz, deren Bedeutung, Konzepte, Modelle und Grundlage im späteren entfaltet werden, gilt für die Untersuchung emotionalisierender Textstrukturen und der emotionalen Aspekten der Rezeption als verbindendes Element. (Fehlberg 2014, S. 9-14)

Selbst das Attribut „kognitiv" verweist in der Literaturwissenschaft auf eine methodische Ansicht, die behauptet, dass die Bedeutung eines Textes durch die Kenntnis der Funktionsweise des menschlichen Geistes erklärt werden kann. Im Mittelpunkt der kognitiven Literaturwissenschaft stehen die Forschung der Rezeptionsemotionen und der kognitiven Prozessen des Lesers. Zur Erklärung dieses Prozesses werden solche wissenschaftliche Fachgebiete zur Hilfe genommen wie Kognitionspsychologie, kognitive Narratologie und Evolutionspsychologie. Bei der Forschung des Rezeptionsprozesses liegt ein natürlicher Leser zugrunde und die Forschung hat das Ziel, bestimmte Schemen bzw. Modelle aufzustellen. Es wird vorausgesetzt, dass in dem Informationsverarbeitungsprozess des Lesers der biologische und psychologische Aspekt eine wesentliche Rolle spielen. Dementsprechend wirkt der menschliche Geist nicht wie eine Maschine, sondern die äußere Umgebung bestimmt den Rezeptionsprozess. Die Forschungsgebiete, die die kognitive Literaturwissenschaft in sich intergiert, ermöglichen sowohl die Untersuchung der Texte, als auch die Untersuchung der durch die Texte hervorgerufenen Emotionen. (Horváth/ Szabó 2013, S. 139ff)

Es gibt drei wichtige Forschungsbereiche, die bei einer angehenden Analyse der Emotionen beim Leser unentbehrlich sind: literarischer Text, kognitive Mechanismen des Lesers und die Emotionen des Lesers. Die folgenden Methoden dienen als Grundlage der Forschungen: für die Textanalyse die Narratologie, für den Rezeptionsprozess die kognitive Psychologie, für die Emotionsforschung die Emotionspsychologie. (Fehlberg 2014, S. 14)

Die kognitive Narratologie ist ein selbständiges Wissenschaftsgebiet, das aufgrund der kognitiven Psychologie und Linguistik erweitert wird. Diese Disziplin befasst sich mit der Untersuchung der Beziehung zwischen literarischer Textstruktur und ihrer Wirkung auf den Rezipienten und versucht über die Rezeptionsprozesse Modelle zu konstruieren. Die Rezeption hängt von dem Informationsverarbeitungsprozess des Geistes ab. Kognitiv gesehen wird die kontextunabhängige von der kontextabhängige Funktion des Geistes unterschiedet. Bei dem Letzteren werden die evolutionären, kulturellen und sozialen Erwägungen in dem

Rezeptionsprozess in Acht genommen. (Szabó 2012, S. 115f) Narratologisch gesehen spielen beim Textverstehen die Art und Weise der Darstellung von Figuren und Ereignissen eine wichtige Rolle. Der Schriftsteller benutzt verschiedene Strategien und er kann mit der Hilfe dieser Strategien die Aufmerksamkeit des Lesers beeinflussen. Die ausgeprägten Emotionen bei dem Leser hängen von der Figurendarstellung, Textstruktur u.a. und weiter von den kognitiven und emotionellen Prozessen des Rezipienten ab. In diesem Sinne bewegt sich die kognitive Narratologie in einem Bereich zwischen klassischer Erzähltheorie und Kognitionspsychologie. (Fehlberg 2014, S. 20f).

Den methodischen Hintergrund für die Analyse des Rezeptionsprozesses bietet die Kognitionspsychologie. Die Kognitionspsychologie geht von der Voraussetzung aus, dass sich beim Leser bedeutungsgenerierte Prozesse vollziehen. Bedeutungsanregende Prozesse entstehen, denn jeder Leser hat Vorkenntnisse, eingebürgerte mentale Modelle und Schemen, all dies beeinflusst wie man einen Text interpretiert bzw. die neuen Informationen verarbeitet. Menschliches Denken und menschliche Gefühle wirken in bestimmten Rahmen bzw. Schemen, was dazu beiträgt, dass der Leser aufgrund zukommender, neuen Informationen, sich mögliche Darstellungen über die Geschichte und das Schicksal der Figuren verfasst. „Das Konzept des Schemas ist als übergreifende Kategorie zu betrachten, der weitere Konzepte - wie Frames, Szenarios, Skripts – zu- oder untergeordnet sind" (Fehlberg 2013, S. 17). Davon hängt ab, wie interpretiert der Leser einen Text. Die aufgenommene Information und die Vorkenntnisse des Lesers bilden eine Einheit, in dem der Rezipient das Gelesene, als eine kohärente Einheit, wahrzunehmen versucht. Dieser Prozess verlangt von dem Leser eine aktive kognitive Teilnahme aufgrund der Struktur mentaler Modelle, indem der Leser aus dem propositionalen Gehalt Inferenzen auf Motivation der Figuren, Gesamtsituation, Ursachen und Hypothesen über künftige Geschehen macht. (Fehlberg 2013, S. 17-20)

> Damit ist das Konzept mentaler Modelle in der Lage, die dynamische Interaktion zwischen den beiden Polen von Text und Leser abzubilden, und bietet so die Möglichkeit prinzipiell auch *emotional* relevante Rezeptionsprozesse auf der Grundlage von Textstrukturanalysen zu erfassen. (Fehlberg 2013, S. 20)

Für die Forschung der emotionalen und kognitiven Prozesse des Lesers bietet die Emotionspsychologie große Hilfe. Der Begriff der Emotion ist auf verschiedene Weise definierbar. Die Mehrzahl der Fachliteratur hebt einen mehrdimensionalen psychologischen

Emotionsbegriff hervor, nach dem die Emotion aus einer subjektiven, kognitiven, physiologischen und einer verhaltensmotivierenden Komponente besteht. Die Verwendung der bevorzugten Komponente hängt von dem zugrunde gelegten Forschungsansatz. (Fehlberg 2013, S. 27) In der Emotionsforschung lässt sich u.a. biologische, kognitive, kulturelle bzw. soziale Ansätze unterscheiden. Der kognitionspsychologische Ansatz, der sich für den Denkprozess und für die Bewertung der Emotionen interessiert, war oben erläutert. Eine andere Richtung der Emotionstheorie versucht die Emotionen aus der evolutionsbiologischen Annäherung zu bestimmen. Dieser Theorie liegen die Feststellungen von Charles Darwin zugrunde, wer sich u.a. mit den universellen Aspekten von Emotionen beschäftigt hat. (Hámori 2006, S. 2ff) Mellmann hat die Definition der Emotion aus evolutionsbiologischem Aspekt auf folgende Weise verfasst:

> Emotionen sind komplexe psychische Programme zur Verhaltenssteuerung, deren basale Strukturen unter dem Druck der natürlichen Selektion entstanden sind. [...] Sie reagieren auf spezifische Umweltreize, lösen bestimmte psychologische und kognitive Submechanismen aus und disponieren den Organismus und diese Weise für ein evolutionär angepasstes Verhalten. (Mellmann 2011, S. 68)

Der Nachfolger von Darwin, Paul Ekman, unterscheidet sechs Emotionen voneinander, deren mimischen Ausdrücken in den unterschiedlichen Kulturen identifizieret werden konnten: Ärger, Trauer, Freude, Angst, Ekel und Überraschung. Diese Emotionen werden wegen ihrer Universalität als Basisemotionen genannt, die im Verlauf der Evolution entstanden sind. Der Emotionsausdruck wurde von der sozialen Umwelt beeinflusst. Damit beschränkt sich seine Theorie nicht nur auf evolutionäre und kulturübergreifende Aspekte, sondern sie erkannt auch die wichtige Rolle der Gesellschaft bei der Auslösung und dem Ausdruck der Emotionen an. (Hámori 2006, S. 7;18) Simone Winko hat sich in seinem Buch *Kodierte Gefühle* sehr ausführlich u.a. mit der Bedeutsamkeit der soziologischen Emotionsforschung beschäftigt. Die Emotionen spielen nicht nur auf der Seite der Rezeption, sondern auf der Seite der Produktion eine wichtige Rolle. In diesem Sinne können die Emotionen intersubjektiv untersucht werden, wo die Regeln und Normen narrativer Kommunikation auch große Bedeutung haben. *Ohne eine konventionalisierte sprachliche Form* in der emotionalen Kommunikation wären „die Emotionen als sozial bzw. kulturell kodierte Größen" (Winko 2003, S. 78) nicht vermittelbar und verstehbar. An dieser Stelle komme ich wieder auf die

Rolle der Narratologie zu sprechen, weil bei der literarischen Emotionalisierung die „*interdierten*" (Fehlberg 2014, S. 21) Emotionen von Autor durch seine Erzählstrategie eine entscheidende Rolle spielen. (Winko 2003, S. 81ff)

Im Folgenden möchte ich zwei Theorien, in Bezug auf die Emotionsforschung und den Rezeptionsprozess, kurz vorstellen und hervorheben. Eine von beiden ist der Modell-Leser Theorie von Katja Mellmann, die aufgrund der Forschungsergebnisse von Evolutionsbiologie und Evolutionspsychologie, durch den literarischen Text ausgeprägte Emotionen vorzustellen versucht. Sie sucht eine Antwort auf die Frage „paradox of fiction", das bedeutet die emotionale Reaktionen, die durch einen fiktiven Text hervorgerufen sind. (Mellmann 2006, S. 145f) Das Objekt ihrer Forschung ist ein „antropologischer Modell-Leser" (Horváth 2010, S. 256), d.h. ein paradigmenhafter Leser, der über alle psychischen Grundfunktionen verfügt. Mellmanns Theorie betrachtet den literarischen Text als eine sprachlich präsentierte Attrappe und auch als ein Reiz, worauf der menschliche Sinn auf gleiche Weise reagiert, wie auf eine reale Lebenssituation. (Horváth 2010, S. 256) Anhand der Betrachtung der Psychologen Klaus Scherer werden zwischen Reiz und Reaktion die Emotionsprogramme, „als ein Selektionsprodukt der biologischen Evolution" (Mellmann 2006, S. 151), festgelegt. Diese Entkopplung bedeutet nach den Evolutionspsychologen Leda Cosmides und John Tooby eine Abweichung zwischen Auslösemechanismus und Verlaufsprogramm. Zwischen ihnen meldet sich eine Latenzphase. Während dieser Latenzphase kann der Leser seine Reaktionen überprüfen und verändern. Der einzelne Unterschied, was die Reaktion auf eine reale oder fiktive Situation betrifft, besteht nur im Verlaufsprogramm. In einer realen Lebenssituation das Verlaufsprogramm führt zu einer konkreten Tätigkeit, zu einer Aktion. (Mellmann 2006, S. 151ff). Die emotionalen Reaktionen auf einen fiktiven Reiz können wir als imaginative Emotionen betrachten. (Mellmann 2006, S. 165) Wichtig ist, dass die Emotionen, die beim Lesen eines literarischen Textes entstanden sind, verursachen bestimmte körperliche Begleitsphänomene, aber führen nicht immer zur konkreten Tätigkeit, deshalb kann sich das Emotionsprogramm sehr schnell schließen. Die Wahrnehmung verschiedener Begleitsphänomene kann auch zu bestimmten Reaktionen führen. Bei der Bewertung möglicher Reaktion spielen die Situation, subjektive Erfahrungen und der kulturelle Kontext eine große Rolle. Die Modell-Leser Theorie versucht universelle emotionale Reaktionen auf fiktive Texte zu bestimmen, auf denen die subjektiven und kulturellen Reaktionen aufbauen können. (Horváth 2010, S. 256) Damit bietet dieses Modell nicht nur eine evolutionsbiologische, sondern auch psychologische und kognitionswissenschaftliche Annäherung an die Frage „paradox of fiction"

Die zweite Theorie, die ich veranschaulichen möchte, ist das „Theorie of Mind" von Lisa Zunshine. Unter dem Begriff „Theorie of Mind" wurde verstanden, dass der Mensch angeborene Fähigkeit hat, den mentalen Zustand und das mögliche Benehmen unserer Mitmenschen zu schätzen und vorherzusehen. Dieser Theorie liegen empirische Forschungsergebnisse aus der Evolutions- und Kognitionspsychologie zugrunde. Mit der Verwendung dieser Forschungsergebnisse hat sie viele interessante Perspektive für Literaturwissenschaft eröffnet. Zunshine versucht die Funktion von Lesen eines fiktiven Textes zu erklären. Das Lesen bestimmt sie als einen Mentalisierungsprozess. Dieser Mentalisierungsprozess funktioniert nicht nur im Falle einer real existierenden Person, sondern auch im Falle fiktionaler Figur. Nach Zunshine ist der Ziel von „mindreading", das sich beim Lesen vollzieht, die Weiterentwicklung unserer Empathie, d.h. andere mentale Zustände zu verstehen bzw. mitzufühlen. (Wübben 2009, S. 31ff) An diesem Prozess findet der Leser seine Vergnügen. Eine wichtige Voraussetzung für „mindreading" ist unsere metarepräsentative Fähigkeit, jede Information an eine gewisse Quelle zu binden. Im Falle des literarischen Textes gelten als Quelle die schriftstellerischen oder die figuralen Mitteilungen, die der Leser im Rahmen bestimmter Wahrheitsbindungen speichert. (Horváth 2011, S. 12)

4.1 Die Figurendarstellung als Mittel literarischer Emotionalisierung

Literarische Werke bieten den Lesern Erlebnisse und in diesem Prozess spielen eine wichtige Rolle, die von dem Schriftsteller dargestellten Figuren und Ereignisse, bzw. die Art und Weise deren Darstellung. Meine Absicht ist, die möglichen emotionellen Wirkungen, die beim Leser entstehen, aufgrund der dargestellten Figuren und der Erzählstrategie einerseits, der Emotionsreaktionen des Lesers anderseits, anhand der Novelle *Angst* von Stefan Zweig darzustellen.

Damit im Leser unter dem Einfluss eines literarischen Textes Emotionen entstehen, spielen die inhaltlichen und formalen Informationen über die Figuren eine wichtige Rolle, dadurch kann der Autor die Aufmerksamkeit und das Denken des Lesers beeinflussen und schließlich die ganze Geschichte dem Leser näherbringen. Auf diese Weise wird es dem Leser ermöglicht, das Verhalten der Figuren aus dem literarischen Text zu verstehen und Emotionen zu erleben. (Fehlberg 2014, S. 39) Diese Emotionen sind durch den literarischen Text ausgeprägte und bestimmte Phänomene, die unter dem Einfluss des gelesenen Textes entstanden sind und sie wirken als imaginative Emotion, was schon im ersten Teil meiner Arbeit nach der Theorie von Mellmann erwähnt worden ist.

Der literarische Text impliziert im Leser die sogenannte „Theorie of mind", wie es im Zusammenhang mit der Theorie von Zunshine schon erörtert wurde. Die „Theorie of mind" ist ein wesentliches Element bei der Generierung der Empathie. Mellmann versteht unter dem Begriff Empathie nicht ein unabhängig existierendes Gefühl, sondern entsprechend der ToM einen kognitiven Prozess, mit dessen Hilfe der Leser den mentalen Zustand der Figuren im literarischen Text simulieren und verstehen kann. Das Verstehen des mentalen Zustandes bedeutet keinesfalls, dass wir darauf reagieren. „Erst daran, dass wir uns von dieser Erkenntnis irgendwie betroffen fühlen, dass sie uns „anrührt", merken wir, dass eine Emotion in Gang gesetzt wurde" (Mellmann 2010, S. 112); so wie: Mitleid, Sympathie, Antipathie, Bewunderung, Überraschung, Zorn, usw. Diese Gefühle nennt Mellmann sozial adressierten Emotionen, deren Darstellung hängt von der Erzählinstanz ab, und sie sind figurenbezogener Reaktionen. (Mellmann 2011, S. 69f)

Die narrativen Techniken des Autors, sowie die Art und Weise wie er seine Helden und das Geschehen darstellt, spielen eine wichtige Rolle bei der Generierung der sozialen Gefühle des Lesers. Für die Entstehung dieser Gefühle ist die Empathie eine Voraussetzung. Mellmann definiert zwei Möglichkeiten für die Generierung der Empathie, die konkrete Emotionen auszulösen vermögen. Eine Form der Generierung ist die Ähnlichkeitsrelation zwischen dem Leser und den potenziellen Empathieobjekten. In dieser Hinsicht lege ich besonderen Wert auf den Informationsgehalt bei meiner Untersuchung. Die andere ist die Art der Darbietung empathierelavanter Informationen, wie die erfahrungshafte Formate und die erzählerische Mittel der Bewusstseinswiedergabe; dazu gehören z.B. die psychonarration oder erlebte Rede. (Mellmann 2011, S. 70) Unter den verschiedenen Erzählstrategien werde ich den Erzählmodus, als Mittel literarischer Emotionalisierung, hervorheben. „Unter der Kategorie des *Modus* behandeln wir diejenigen Momente des Erzählens, die den Grad am Mittelbarkeit [*Distanz*] und die Perspektivierung des Erzählten [*Fokalisierung*] betreffen. „ (Martines/ Scheffel 1999, S. 47)

Wenn es um die gleiche Weltanschauung des Lesers und des literarischen Helden geht, ist der Leser mit der Tat des Helden einverstanden. In diesem Fall stimmt der Leser durch die literarische Figur vertretenen moralischen Werten zu. Der literarische Held wird von dem Leser akzeptiert und verehrt. In solchen Fällen können wir über eine Sympathie sprechen, wenn es sich nicht verwirklicht, dann kommt die Antipathie in Frage. (Fehlberg 2014, S. 37) Es kommt im Werk zum Ausdruck, wenn der Leser darüber liest, dass Irene eine Sünde gegen die gesellschaftlichen Normen und Gesetze verstößt, indem sie ihren Ehemann betrügt. Ein solches Verhalten ist gesellschaftlich im Allgemeinen nicht akzeptiert, und so verursacht es beim Leser kein Sympathiegefühl. Der Leser fühlt eher Ablehnung, insofern er keine ähnlichen Erfahrungen hat. In der Novelle gibt es solche empathierelevante Informationen, die auf die Beurteilung der literarischen Figuren von dem Leser wirken können. In Bezug auf die Informationsinhalte, bekommt der Leser in den Seelenzustand von Irene einen Einblick, und das ist wie sich die Frau fühlt, als sie die Wohnung ihres Geliebten verlässt. Erst nach der Darstellung ihres Seelenzustandes erfährt der Leser konkret, was für Probleme sie dazu geführt haben.

> Sie hatte diesen jungen Mensch, einen Pianisten von Ruf, bei einer gelegentlichen Abendunterhaltung kennengelernt und war bald, ohne es recht zu wollen und beinahe ohne es zu begreifen, seine Geliebte geworden. [...] sie war vollkommen glücklich an der Seite eines begüterten, geistig ihr überlegenen Gatten, [...] Aber es gibt eine Schlaffheit der Atmosphäre, [...] in ihre[r] bürgerliche[n] Welt [...], wo sonst die Männer nur mit lauen Späßen und kleinen Koketterien die „schöne Frau" in ihr respektvoll feierten, ohne je ernstlich das Weib in ihr zu begehren, fühlte sie sich zum erstmal seit ihren Mädchentagen wieder in ihrem Innersten gereizt. (S. 10-11)

Irene fühlt bestimmte Befremdung gegenüber ihrem Ehemann. Obwohl sie seit acht Jahren verheiratet sind, weißt die Frau nicht wie der Mann auf ihre Tat reagieren würde oder was für Entscheidung er treffen könnte. Eine wichtige Information ist, dass Irene gemäß der Entscheidung ihrer Eltern heiratete, und nicht aus Liebe. Es war keine Liebe, nur Sympathiegefühl unter ihnen. In diesem Sinne, kann Irene als Opfer in bürgerlicher Gesellschaft betrachtet werden. Sie hatte keinen Einfluss auf ihr eigenes Schicksal, ihr Leben ist durch soziale Normen, die unabhängig von ihr sind, bestimmt. Diese relevanten Informationen helfen dem Leser, die Taten, bzw. den Fehltritt von Irene zu verstehen und das ist eine wichtige Voraussetzung auf Wege zur Empathie, zum Mitgefühl.

Zur anderen Form der Empathieerzeugung gehören solche Darstellungsweisen wie die oben erwähnte erfahrungshafte Formaten. Dazu bietet die Narratologie eine Hilfe, denn dieses Bereich der Wissenschaft beschäftigt sich unter anderem mit dem Begriff der Perspektive, die in den letzten Jahren im Mittelpunkt der kognitiven Literaturwissenschaft steht. Genette bezeichnet den Standpunkt, bzw. die Perspektive der Erzählung mit dem Begriff der Fokalisierung. Das bedeutet, es soll Unterschied zwischen dem Standpunkt des fühlenden Helden und dem Standpunkt des Sprechers gemacht werden. Es geht darum, wer sieht und wer spricht. Dementsprechend, er unterscheidet drei Bereiche der Fokalisierung: Die Nullfokalisierung bedeutet, dass der Erzähler weiß und sagt mehr, als seine Gestalten wissen und fühlen. Die interne Fokalisierung bedeutet, dass der Erzähler weiß genau so viel, wie seine Helden. Die externe Fokalisierung bedeutet gleichzeitig auch einen äußeren Betrachtungspunkt, bzw. Standpunkt, wenn der Erzähler weiß und sagt weniger, als seine Helden sagen und fühlen.(Martines/ Scheffel 1999, S. 63f) In diesem Werk kann die interne Fokalisierung als Hauptform genannt werden, denn der Erzähler teilt genau jene Informationen mit, die Irene fühlt und denkt, wie z. B. „müde ging sie weiter: Es war wohltuend, so gar nichts zu denken, nur wirr ein dunkles Gefühl vom Ende innen zu spüren, einen Nebel, der sacht niederstieg und alles verhüllte." (S. 53) Dadurch ist das Werk aus Irenes Standpunkt dargestellt. Aus ihrer Perspektive erfährt der Leser die Erpresserin als eine boshafte und niedere Proletarierin. Ihr Mann wird als kraftvoller, fremder, geheimnisvoller Mann dargestellt.

Neben der Perspektive spielt die andere Art des Erzählmodus, der die Distanz zwischen dem Erzähler und der Erzählung prägt, eine wichtige Rolle bei der Emotionalisierung. Ein dramatischer Modus, durch den die Distanz verringert wird, macht einen größeren Einfluss auf den Leser. Die Helden der Erzählung kommen zur Wort in den Gesprächen, in der Konversation durch autonome direkte Rede und direkte Rede, die dramatische Elemente im Erzähltext sind und sie dienen der szenischen Gestaltung. Als Mittel der transportierten Redewiedergaben von Figuren gelten die indirekte Rede und die erlebte Rede, die in dritter Person und im Präteritum geschieht. Diese Redeformen deuten darauf, dass der Erzähler nur ein Vermittler ist. (Martines/ Scheffel 1999, S. 51)

„Vierhundert Kronen, hab' ich gesagt, brauch' ich." [= autonome direkte Rede]
[...]
„Aber ich habe sie nicht", schrie Irene verzweifelt. [= direkte Rede]
Wenn jetzt ihr Mann käme, dachte sie zwischendurch, jeden Augenblick konnte
er kommen. [= indirekte Rede] „Ich schwöre es Ihnen, ich habe sie nicht..." [=
autonome direkte Rede] [...]
Die Person sah sie an, von oben bis unten, als wollte sie sie abschätzen. [=
erlebte Rede] (S. 48)

Für die Novelle *Angst* ist die erlebte Rede charakteristisch, mit der der Erzähler Irenes innere

Gedanken und Gefühle vermittelt. „Wie einen brennenden Schmerz spürte sie Ekel ihren

ganzen Körper durchdringen." (S. 18) Andere Form der Gedankenwiedergabe ist die Psycho-

Narration, die dafür geeignet, die Tiefen des Bewusstseins der Figur mitzuteilen. (Martines/

Scheffel 1999, S. 55f) Ein Beispiel kann dafür Irenes Traumbericht sein, in dem

[i]rgendeine fremde Musik rauschte, ein Saal war hell und hoch, sie trat ein,

viele Menschen und Farben mengten ihre Bewegung, da drängte ein junger

Mann, [...], faßte sie am Arm, und sie tanzte mit ihm. [...] mit verschmolzenen

Lippen, ein einziger ineinanderglühender Körper, flogen sie, wie von einem

seligen Wind getragen, durch die Räume. (S. 25f)

Diese Erzähltechniken tragen dazu bei, dass sich der Leser den Helden näher zu kommen

fühlt. Wichtig ist, dass die Gefühle der Helden mit den Gefühlen des Lesers nicht immer

gleich sind, wenn der Leser durch die Angst ausgewirkten Gefühlen liest:

Sie vermochte nicht mehr zu lesen, nichts mehr zu tun, dämonisch gejagt

von ihrer inneren Angst. Sie fühlte sich krank. Manchmal mußte sie sich

plötzlich niedersetzen, so heftig überfiel sie das Herzklopfen, eine

unruhige Schwere füllte mit dem zähen Saft einer fast schmerzhaften

Müdigkeit alle Glieder, die aber dennoch dem Schlaf sich verwehrte. (S.

38)

Der Rezipient fühlt sich nicht krank und müde, und sein Herz ist auch nicht gepresst. Der

Leser aber hat eine Vorstellung über die Leiden des Helden und kann Mitleid fühlen. Der

Leser aufgrund der mitgeteilten Informationen vorstellen kann, worunter zwar der Figur

leidet. (Mellmann, 2007, S. 258)

Durch den oben erwähnten Fokalisierungtechnik ist möglich die Parallelisierung von

Emotionen, die bei dem Leser und bei der Figur auftreten. Besonders mit Hilfe der interne

Fokalisierung ist es möglich diese Wirkung zu erreichen, d.h. auf bestimmten Situationen der

Leser genauso reagiert, wie der Figur im literarischen Text. Diese emotionale Reaktion bezieht sich nicht auf die Figur, sondern auf die fiktive Situation.(Mellmann 2010, S. 115f) Der Beispiel dazu ist der Wendepunkt der Geschichte, als Irene in der Apotheke steht mit dem Absicht Gift zu kaufen, damit sie ihren eigenen Quälen Ende macht, wann

[steckte eine Hand] sich neben ihr aus und griff nach dem Fläschchen. Unwillkürlich wandte sie sich herum. Und ihr Blick erstarrte. Es war ihr Mann, der da stand, mit hart zugepreßten Lippen. [...] Sie fühlte sich einer Ohnmacht nahe und mußte sich am Tisch festhalten. (S. 59)

Diese Situation überrascht sowohl Irene, als auch den Leser, „aber das ändert nichts daran, dass die Leseremotion ein von der Figurenemotion getrennt verlaufender Prozess ist." (Mellmann 2010, S. 116) Wenn wir Irenes Situation in Betracht nehmen, können wir bemerken, dass dieses Ertappen zu ihrem Gefühlsausbruch führt. „Aber nur Schluchzen antwortete ihm, wilde Stöße, Wogen von Schmerzen, die den ganzen Körper durchrollten." (S. 61) Was die Reaktion des Lesers auf die Emotionen der Figur betrifft, kann er einerseits wegen seiner empathischen Vorstellungen Mitleid, andererseits durch seine kognitive Bewertung der Situation gespannte Hoffen und Bangen um die Figur fühlen. (Mellmann 2010, S. 113f)

4.2 Die textuellen Strategien als Mittel literarischer Emotionalisierung

Zur Analyse der Textstruktur und des Verhältnisses zwischen dem Textstruktur und dadurch ausgelösten Emotionen dient einerseits die Narratologie, anderseits die kognitive Psychologie und die Evolutionspsychologie. Der Forschungsbereich der kognitiven Psychologie und der Evolutionspsychologie betrachtet die Emotionen nicht als subjektive Faktoren, sondern als Überindividuelles und legt einen besonderen Akzent auf das Erkenntnis, die Bewertung und die Funktion der Emotionen. (Szabó 2013, S. 247) Der Ziel eines literarischen Textes ist unter anderem das Wecken und das Erhalten des Interesses, dazu stehen dem Schriftsteller verschiedene narrative Strategien zur Verfügung, mit denen er spielend auf die Erwartungen des Lesers, in Bezug auf eine Situation oder auf das Endgeschehen der ganzen Geschichte, wirken und die Aufmerksamkeit des Lesers steuern kann. (Fehlberg 2013, S. 109) Martinez und Scheffel unterscheiden aufgrund drei narrativen Erzählstrukturen solche Affektstrukturen, wie Überspannung, Spannung, Neugier, in denen die Darstellung der Ereignisfolge eine Abweichung zeigt. (Martines/ Scheffel 1999, S. 151)

Der Leser erlebt Überraschung, wenn er eine Information, die für das Verstehen der Reihenfolge in der gesamten Geschichte wichtig ist, später oder unerwartet erhält. In diesem Fall bewähren sich die Vorstellungen des Lesers in Bezug auf das Endgeschehen falsch. (Szabó 2013, S. 247f) Der Leser erlebt eine solche Überraschung, wenn er erfährt, dass Irenes Mann die ganze Zeit über die Untreue seiner Frau wusste und bezahlte eine arbeitslose Schauspielerin, um Irene zu erpressen. Bei der Generierung der Spannung ist das Anfangsereignis der Geschichte wesentlich wichtig, „dessen Folgen sich für die Protagonisten besonders gut oder besonders schädlich auswirken können." (Martines/ Scheffel 1999, S. 152) Der Leser erhält eine Grundinformation schon am Anfang des Werkes über das Konflikt zwischen Irene und für sie unbekannter Frau, die sich als Eduards Geliebte vorstellt. Dieser Konflikt zieht sich durch das ganze Geschichte. Die Erpresserin kommt immer näher zu Irene, ständig einen höheren Preis für das Schweigen verlangend. Parallel damit, kann der Leser in eine immer größere Spannung fühlen, denn das Endgeschehen zeigt sich ungünstig. Die Anwesenheit der Erpresserin bedroht Irenes Sicherheit, und sie bedeutet später eine Gefahr für ihr Leben. Ein weiteres Mittel für die Spannungserzeugung, was gleichzeitig die Aufmerksamkeit des Lesers steuert, ist die nicht chronologische Erzählweise, so wie Vorausdeutung, Rückwendung, Unterlassung (Szabó 2013, S. 248) In dieser Erzählung ist die Rückwendung in Bezug auf die Erlebnisse der Heldin nicht ein Mittel für die Spannungserregung, sondern ruft gewisse Empathie hervor, wie es schon oben in der figurenbezogenen Analyse erwähnt wurde. Bezüglich auf das Werk, spielen die Vorausdeutungen in der Spannungserregung eine wichtige Rolle. Das steht im Zusammenhang mit den Wünschen der Heldin, weiterhin mit ihrer Angst die Zukunft betreffend, (Martines/ Scheffel 1999, S. 37.) z.B. „[w]as wollen Sie denn, Sie Erpresserin! Bis in meine Wohnung verfolgen Sie mich. Aber ich werde mich nicht zu Tode quälen lassen von Ihnen. [...]" (S. 47). Irenes Traum kann auch als eine Art Vorausdeutung betrachtet werden. Nicht nur die Helden, sondern auch der Erzähler kann Hinweise auf die Zukunft geben (Martines/ Scheffel 1999, S. 37.), wie z.B. „Einmal in diesen Tagen sprach er zu ihr ganz deutlich und Blick in Blick." (S. 39) Aber im Gespräch gab Irene ihr Fehltritt nicht zu, es handelte sich nur um die Sünde ihrer Tochter und um die Angst wegen dieser Sünde. Das ungewöhnliche Benehmen Irenes Mannes verwirrt nicht nur Irene selbst, sondern auch den Leser, denn der Gatte scheint gleichzeitig erschreckend, verständnisvoll und tolerant zu sein. Das Benehmen des Mannes deutet für den Leser darauf hin, dass er über ein Geheimnis keine Kenntnisse hat. Als Beispiel dazu steht die kleine improvisierte Gerichtsverhandlung zu Hause. Das war eigentlich wegen der Kinder, aber Irene sah in dieser Situation ihr eigenes

Schicksal, darum verteidigte sie die Tochter. Der Verhandlung folgte ein Gespräch, wobei der Gatte seiner Frau folgendes mitteilte:

> „[...] Aber du hast recht, ich will nicht, daß du glaubst, ich könnte nicht verzeihen ... [...] gerade von dir möchte ich das nicht, Irene..." [...] „Das Urteil is kassiert" [...] „Helene is frei, [...]. Bist du jetzt zufrieden mit mir? Oder hast du noch einen Wunsch... [...] du siehst, ich bin in generöser Laune heute ... vielleicht weil ich froh bin, ein Unrecht rechtzeitig einbekannt zu haben. Das schafft immer eine Erleichterung, Irene, immer..." (S. 44f)

Die Worte des Mannes machten Irene unsicher, sie fühlte, als ob sie an der Tat ertappt wäre. Solche Informationen, die Ungewissheit bzw. ein Geheimnis verkündigen, sind Mittel für die Erregung der Neugier (Martines/ Scheffel 1999, S. 152). Die narratologischen Theorien betrachten die Spannung und das Neugier als zusammenstehende Einheit (Szabó 2013, S. 248), die einzelne „Binnenunterscheidung" (Mellmann 2007, 245) besteht darin, dass der Schwerpunkt bei der Spannung an der Fortsetzung der Geschichte liegt, und beim Neugier ist es wichtig ob das erwartete, logische Ereignis eigentlich geschehen wird. (Martines/ Scheffel 1999, S. 153)

Die kognitivpsychologische Annäherung der Wirkung des Erzählens betont und nimmt in Acht außer den im Text mitgeteilten Informationen eher die Inferenzen des Lesers. Bei jedem Textverstehen spielen eine wesentliche Rolle die kulturell bestimmten Schemen, die aus Skripten bestehen. „Ein <script> ist die mentale Repräsentation des typischen Verlaufs einer Ereignisreihe." (Martines/ Scheffel 1999, S. 150) Der Leser verfügt über gewisse Präferenzen, er interessiert sich nicht nur für das Endgeschehen, sondern hat konkrete Erwartungen. (Szabó 2013, S. 249) Mellmann unterscheidet drei biologisch determinierte Präferenzen: Überleben, soziale Bindung, Gerechtigkeit. (Mellmann 2011, S. 71) Der Leser kann gewisse Spannung erleben, wenn die Wahrscheinlichkeit eines moralisch richtigen Tates ausfällt (Szabó 2013, S. 249), wann z. B. Irene freiwillig ihr Fehltritt ihrem Mann nicht bekennt. Sie hätte ihr Fehltritt in der Reihenfolge der Geschichte mehrere Male bekennen können, nach dem Aufwachen aus dem Traum, oder nach der improvisierten Gerichtsverhandlung zu Hause. Sie hat aber das nicht getan. Die Scham- und Schuldgefühle verursachen Irenes Todeswunsch, dessen Wahrscheinlichkeit immer größer wird, was auch zur Spannung auf der Seite des Lesers führen kann, denn der Selbstmord ist moralisch nicht akzeptiert. (Szabó 2013, S. 249) Das Todesmotiv kommt unzählige Male durch solche

Aussagen vor, wie z.B. „ stürzte hinaus, […] wie ein Selbstmörder vom Turm" (S. 6), „selbstmörderische[…] Einsamkeit der Angst" (S. 22), „stand dort ihr Mann, ein Messer in der Hand" (S. 27), „Dann löschte er das Licht. Sie sah seinen weißen Schatten bei der Tür verschwinden, lautlos, fahl, ein nächtiges Gespenst, und wie die Tür zufiel, war ihr, als schließe sich ein Sarg." (S. 30)

Im Rahmen eines emotionspsychologischen Ansatzes legt Mellmann die Spannung nicht als Texteigenschaft oder eigenständige Emotion fest, sondern als „ein Ensemble bestimmter physisch-behavioraler Begleiterscheinung verschiedener Emotionen" (Mellmann 2007, S. 245) und ordnet sie zu den Stressemotionen zu. Die traditionelle Definition behauptet, „dass die Spannung eine >Mischung aus Furcht und Hoffnung aufgrund einer Ungewissheit<" (Mellmann 2007, S. 241) ist. Diese Behauptung wird bei ihr nur als ein Bestandteil der Spannung betrachtet. Die oben erwähnten Erwartungen des Lesers werden bei Mellmann Planungsemotionen genannt, wenn sie sich durch den Text nicht bestätigen, kommt die Spannung zustande. Irenes Gefühle bzw. ihr seelischer Zustand, werden durch die Steigerung der Angst und durch die Darstellung drohender äußeren Wirkungen tiefgehend geschildert.

> Schon am nächsten Tage kam wieder ein Zettel, wieder ein Peitschenhieb, der ihre ermattete Angst aufscheuchte. […] Sie vermochte nicht mehr zu lesen, nichts mehr zu tun, dämonisch gejagt von ihrer inneren Angst. Sie fühlte sich krank. Manchmal mußte sie sich plötzlich niedersetzen, so heftig überfiel sie das Herzklopfen, eine unruhige Schwere füllte mit dem zähen Saft einer fast schmerzhaften Müdigkeit alle Glieder, die aber dennoch dem Schlaf sich verwehrte. (S. 37-38)

Mellmann behauptet, dass der Leser die Spannung nicht wegen seiner empathischen Gefühle erlebt, obwohl die Heldengefühle Gegenstand der Leseremotionen sein können, sondern wegen der Auswertung der gegebenen Situation und wegen seiner emotionalen Involviertheit. In diesem Sinne reagiert der Leser auf die Figurenemotionen, auf Irenes Angst, aber er erlebt nicht die gleiche Angst, sondern sorgt um die Figur, weil es „um [ihr] Leben oder Tod!" (S. 56) geht. (Mellmann 2007, S. 263ff)

In Bezug auf die Spannungserzeugung ist es die Modell-Leser Theorie, die im theoretischen Teil schon vorgestellt wird, relevant zu erwähnen. Ausgehend davon, wird im Text geschilderten Notfall oder Anwesenheit des Feindes als Stimulation bzw. Attrappe betrachtet, worauf der menschliche Geist ebenso wie in der Wirklichkeit reagiert. Es können motorische, physische Nebeneffekte wie angehaltener Atem, steigende Aufmerksamkeit, Muskelbewegung usw. vorkommen, „was wir als >Gefühl<, als den Erlebnisaspekt einer Emotion wahrnehmen." (Mellmann 2007, S. 246) Wenn die Reizsituation nach der Bewertung fiktiv beweist, führt es zu keiner konkreten Reaktion und das Emotionsprogramm endet schnell. Um die Spannung beim Leser ständig zu aktivieren, wiederholt der Schriftsteller mehrmals die Spannung erregender Stimulation. (Mellmann 2007, S. 254) Diese Wiederholungen kommen im Werk sehr oft vor: die Erpresserin, die als Feind vorgestellt ist, erscheint mehrmals und der Heldin immer näher kommt. Ebenso drohend ist die ständige Rechenschaft ihres Mannes. Durch diese Konflikte wird ein unglückliches Endgeschehen suggeriert.

Es lässt sich feststellen, dass die Leseremotionen und Irenes Gefühle gar nicht gleich sind. In den Leseremotionen vermischen sich einerseits die Spannung und Neugier, andererseits die Bangen um die Figur, die von Präferenzen des Lesers und von dem Inhalt der Information bzw. Art der Informationsdarbietung abhängen.

5. Fazit

In dieser Arbeit wurde nachgewiesen, dass die dargestellten Emotionen in der Novelle *Angst* von Stefan Zweig mit der Hilfe von psychoanalytischen Theorien von Freud erklärt und untersucht werden können. Freud behauptet, dass die Konflikte der menschlichen Psyche drei Formen der Angst verursachen, die zur Entstehung anderer Emotionen führen. Solche Konflikte, zwischen Irenes Ich und Es bzw. zwischen Irene und ihrem Mann, treten auch im Werk auf. Aus der Analyse stellt sich heraus, dass die Erfahrung der Realangst die Heldin zur Flucht zwingt. Die neurotische Angst beeinflusst ihr Benehmen und sie geriet in eine Art verwirrten emotionellen Zustand. Die moralische Angst verursacht Scham- und Schuldgefühl. Die Zusammenwirkung dieser Gefühle führt zum Irenes Todeswunsch als Selbstbestrafung.

Was meine Fragestellung auf die Beziehung zwischen den dargestellten Emotionen und den Emotionen des Lesers betrifft, lässt sich feststellen, dass die im Werk dargestellten Emotionen als Ursache und Gegenstand der Leseremotionen betrachtet werden können, aber man muss die Heldenemotionen und die Leseremotionen fest unterscheiden. Die Leseremotionen entstehen einerseits aufgrund des Lesers Einstellung zur Figuren- und Ereignisdarstellung, anderseits entstehen die Leseremotionen durch seine kognitive Bewertung, die durch biologischen, kulturellen und sozialen Faktoren determiniert sind. Der

Leser erhält eine tiefgehende Einsicht in Irenes emotionalen Zustand durch verschiedene Textstrategien wie erlebte Rede, Psychonarration, interne Fokalisierung, die auch das Mentalisierungsprozess des Lesers und die Empathieerzeugung fördern. Die tiefgehende Darstellung Irenes Angst und die mitgeteilten Informationen über ihr Leben, wodurch sie als Opfer der Gesellschaft geschildert wird, lösen beim Leser Mitleid aus. Eine gewisse Übereinstimmung zwischen den Figuren-und Leseremotionen kommt vor, wenn sowohl die Figur als auch der Leser auf gleiche Situation reagieren. Diese Wirkung entsteht durch die interne Fokalisierung. Als Beispiel dazu stehen im Werk die unerwarteten Ereignisse, die Überraschung verursachen, d.h. das unerwartete Auftreten Irenes Mannes in der Apotheke, oder sein Geständnis. Aber diese Ereignisse haben verschiedene emotionale Wirkungen auf die Figur bzw. auf den Leser. Irene fühlt Schmerz, Qual und Angst und bricht in Tränen aus. Der Leser fühlt Mitleid und erwartet das Endgeschehen gespannt und neugierig. An dieser Stelle muss betont werden, dass für den Leser nicht nur das Endgeschehen wichtig, sondern hat er konkrete Erwartungen in Bezug darauf. Von einem emotionspsychologischen Ansatz ausgehend, sind die durch den Text hervorgerufenen emotionalen Reaktionen die Ergebnisse einerseits physischer, anderseits kognitiver Aktivierungen. Die physischen Begleitsphänomene ergeben die emotionalen Erlebnisse beim Lesen. Die kognitive Annäherung zugrunde legend wird behauptet, dass Spannung, als Ergebnis der emotionalen Involviertheit, entsteht, insofern sich die biologisch determinierten Präferenzen des Lesers durch den Text nicht bestätigt werden. Außer der Figurendarstellung, haben eine große Wirkung auf den Leser die im Text erzählten Ereignisse und ihre Darstellungsweise. Der Autor verwendet verschiedene Mittel, um Lesers Interesse, Neugier und Spannung zu wecken, wie z.B. Wiederholung und Verstärkung von Konflikten, Abweichung von den logischen Ereignissen. Gemäß der kognitiven Theorien, wie es schon erwähnt wurde, entstehen die Emotionen nicht nur als Folge der oben erwähnten textuellen Strategien, sie kommen eher vor, wenn es ein Widerspruch zwischen den Erwartungen des Lesers und dem Inhalt des narrativen Textes besteht. Spannung kann entstehen, wenn ein erwartetes Ereignis ausbleibt, oder das Gegenteil geschieht.

Abschließend möchte ich die Frage, die sich auf die Beziehung zwischen den psychoanalytischen Darstellungsweise der Hauptfigur und den textuellen Erzählstrategien bezieht, beantworten. Bei der Analyse der dargestellten Emotionen wurde verdeutlicht, dass Zweig die innere Spannung von Irene durch die Verwendung der psychoanalytischen Theorien veranschaulicht hat. Die Textstruktur und die mitgeteilten Informationen stehen in vielen Stellen der Novelle in Widerspruch mit den Erwartungen des Lesers und dadurch wird eine Spannung an der Seite des Lesers hervorgerufen. Diese Ergebnisse der Analyse zugrunde legend lassen sich feststellen, dass beide als schriftstellerische Mittel einerseits zur Darstellung der Emotionen in der Novelle andererseits zur emotionalen Wirkung auf den Leser verwendet werden. Zusammenfassend lässt sich sagen, dass Zweig eine ähnliche Position in der Literatur wie Freud in der Wissenschaft durch die „Wirkung einer Spannungserlösung auf den Leser" (Dittrich 2010, S. 52.) einnimmt.

6. Ungarische Zusammenfassung

A dolgozatomban Stefan Zweig, osztrák író, 1910-ben íródott Angst című novellájával foglalkozom. Az elemzésem kettős célkitűzésen alapul, egyrészt az ábrázolt érzelmeket mutatom be a novella alapján, másrészről a mű által kiváltott olvasói érzelmeket elemzem. Azokra a kérdésekre keresem a választ, hogy mennyiben függnek össze a műben ábrázolt főszereplő érzelmei az olvasó oldalán fellépő érzelmekkel, illetve, hogy milyen kapcsolat vonható a szereplő pszichoanalitikus bemutatási módja és a szöveg felépítési stratégiája között.

Az ábrázolt érzelmek vizsgálatakor Sigmund Freud egyes pszichológia elméleteit, mint a személyiségelmélet és szorongáselméletet használom fel. Zweig ugyanis egy olyan korban élt és alkotott, melyet Freud pszichológiai tanai mélyen áthatottak, így az irodalmi életet is befolyásolták, melyek főleg az írók témaválasztásában, szereplők megalkotásában és események bemutatási módjában jelentek meg. A századfordulón azonban nem csak a pszichológiai tanok térnyerése figyelhető meg, hanem társadalmi, gazdasági és politikai változások is, melyek épp úgy befolyásolták az irodalmi életet. Zweig Angst című művén keresztül betekintést nyer az olvasó egy gazdag polgári család életébe, melyben a férj igyekszik fenntartani a tökéletes családi állapot látszatát. A mű a feleség, Irene Wagner, szemszögéből van bemutatva, a hangsúly az általa elkövetett házasságtörés következményeinek és lelki állapotának ismertetésén van. Az olvasó képet kap a nők helyzetéről a századfordulón, a jómódban élő és unalomra ítélt Irene Wagner és a munkanélküli színésznő, a zsarolónő, konfliktusán keresztül. A műben a társadalmi rétegek közti feszültség, valamint a családon belüli, férfi és nő közti feszültség is bemutatásra kerül. Vita tárgyát képezi azonban Zweig viszonya a pszichológiához, melyet Karin Dittrich tanulmányán keresztül ismertetek, mely részletesen foglalkozik Zweig és Freud kapcsolatával és a freudi tanok hatásaival Zweig novelláira. Zweig kétség kívül érdeklődött a pszichológia iránt, azon belül is az emberi motivációk, tudatalatti ösztönök, szexualitás iránt. Freudot pedig nagyra becsülte a bátorsága miatt, hogy ilyen témákkal foglalkozott. Ren véleményét alapul véve abból indulok ki, hogy Zweig célja elsősorban a társadalom kritikus hangvételű bemutatása, melyben a pszichoanalitikus ábrázolási módot, mint eszközt használja fel a szereplők megkonstruálásakor. Az ábrázolt érzelmek elemzésénél, ezért Freud személyiség- és szorongáselméletét mutatom be és használom fel, mely alapján megállapítható, hogy Irene esetében beszélhetünk tudathasadásról, hiszen mint az id, mind az ego megnyilvánulásra kerül. Id alatt Freud a tudatalatti ösztönöket érti, melyek irányítják cselekedeteinket, tekintet nélkül a valóságra, mellyel az ego áll kapcsolatban és célja az id örömorientált késztetéseinek a féken tartása. Az emberi psziché harmadik alkotóeleme, Freud meghatározásában, a szuperego, mely a társadalom által megkövetelt morális és erkölcsi értékek betartásáért felelős. A műben ezeket az értékeket Irene férje képviseli, aki hivatását tekintve, védőügyvédként, is fontos társadalmi szerepet tölt be. Freud szorongáselméletében három félelem típust határoz meg, miszerint a valóságfélelem konkrét tárgyra irányul, a műben Irene félelmét a zsarolónő megjelenése és a vele járó lebukás, a házasságtörés napvilágra kerülése és ezáltal társadalmi státuszának elvesztésének veszélye váltja ki. A neurotikus szorongás, mely az id és ego konfliktusának eredménye, akárcsak a morális félelem, melyet az ego és szuperego konfliktusai eredményeznek, ugyancsak végigkísérik a művet. Irene neurotikus szorongása befolyásolja a viselkedését, folyamatos nyugtalanságáról és belső feszültségéről az olvasó explicit módon kap képet. Irene és a férje közti feszültség bűntudat és szégyenérzet formájában nyilvánul meg, mivel a főhős a férje által képviselt társadalmi normák ellen vétkezett. Mindezek a zavart érzelmi állapotot eredményező konfliktusok vezetnék végül Irene halálvágyához, mely értelmezhető saját maga megbüntetéseként is, Freud elméletét alapul véve, pedig a halálösztönnek feleltethető meg. Összefoglalva megállapítható, hogy pszichológiai elméleteket felhasználva, a műben ábrázolt érzelmek jól magyarázhatóak és összefüggésben állnak Freud téziseivel.

Az olvasói érzelmek meghatározása, mely még egy fiatal kutatási terület az irodalomtudományon belül, összetett tudományos területű megközelítést igényel. Teljesen kidolgozott és megbízhatóan felhasználható koncepció azonban nem áll rendelkezésre, az általam felhasznált narratológiai, kognitív és evolúciós elméletek más-más megközelítésből igyekeznek álláspontjukat alátámasztani az olvasói érzelmekkel kapcsolatban. Ennek értelmében célom a különböző elméletek, álláspontok, módszerek bemutatása és felhasználása. Abból a Simone Winko által megfogalmazott feltevésből indulok ki, hogy az érzelmeket nem csak szubjektív tényezők, hanem a rajtuk túlmutató kulturális és társadalmi hatások is befolyásolják azokat, melyek bizonyos módon kódolva vannak, ami nélkül sem megosztani sem megérteni nem tudnánk saját és mások érzelmeit. Habár a szubjektív tényezők fontos szerepet játszanak az érzelmek kiváltódásánál, a jobban elemezhető és ezáltal nagyobb megbízhatósággal rendelkező kulturális és biológiai tényezőket veszem figyelembe. Az olvasói érzelmekkel kapcsolatos módszerek és modellek bemutatásával kapcsolatban két elméletet, Mellmann modell olvasó és Zunshine elmeteória koncepcióját, ismertetek.

Mellmann evolúciósbiológia- és pszichológia, valamint érzelempszichológiai elméleteket alapul véve próbálja megválaszolni, hogy miért és hogyan váltanak ki az olvasóból érzelmeket a fiktív történetek. Állítása szerint, a szöveg és az általa megosztott információk olyan ingerként értelmezhetőek, mint amelyek a valóságban is érhetnek minket. Klaus Scherer pszichológusra, Leda Cosmides és John Tooby érzelempszichológusokra hivatkozva, akik különbséget tesznek inger, mint kiváltó mechanizmus és reakció, mint lefutási program között, melyek közé egy érzelemprogram, mely késleltető fázisként is értelmezhető, ékelődik Ebben a késleltető fázisban tudjuk újra felmérni, kiértékelni és megváltozatni helyzettől függően a viselkedésünket. Mellmann ezáltal azt állítja, hogy az irodalmi szöveg által kiváltott ingerek a reakciót tekintve, csupán a lefutási programban térnek el a valóságban kiváltott ingerektől. Arra a következtetésre jut, hogy habár a fiktív történetek, mint ingerek illetve utánzatok, képesek bizonyos fizikai elváltozások kiváltására, nem vezetnek konkrét cselekvésre, mint ahogy az a valóságos ingereknél történik, mivel a kiértékelő fázisban az olvasó felméri és tudatosítja, hogy az inger nem valóságos. A magunkon észlelt fizikai kísérőjelenségek nyújtják az érzelmi élményt az olvasó számára. Az általa megkonstruált modell olvasóra, mely biológiai alapfunkciókkal rendelkezik, épülhetnek rá a kulturális és társadalmi hatások, melyek a reakció eltérő kimeneteléhez vezethetnek. A másik elmélet Lisa Zunshine nevéhez fűződik, aki az olvasás funkcióját igyekszik meghatározni. Az olvasásra, mint mentalizációs folyamatra tekint, melynek a célja az empátiánk fejlesztése. Az elmeolvasás és az általa fejleszthető empátia alatt egy velünk született képességet ért, ami segítségével megérthetjük embertársaink mentális állapotát és lehetséges viselkedésüket előre láthatjuk. Mindkét elmélet narratív szövegrészeken keresztül igyekszik alátámasztani elméleteit és alapul vesz evolúciós- és kognitívpszichológiai elméleteket, melyek elengedhetetlenek az olvasói érzelmek vizsgálatakor.

A kognitív irodalomtudomány, mely a befogadás folyamatával és a befogadói érzelmek vizsgálatával foglalkozik, számos a szakterületéhez közeli és távoli tudományágnak az összekötő elemeként szolgál. Az elbeszélői stratégiák elemzéséhez a narratológia szolgál alapul, míg a lehetséges olvasóra való hatás bemutatásához a már említett kognitív- és evolúciós pszichológia, melyek az érzelempszichológiai kutatásoknál játszanak fontos szerepet. Elemzésem során a szereplőábrázolással és szöveg felépítési stratégiákkal, mint érzelmeket kiváltó elbeszélési eszközökkel foglalkozom.

Az ábrázolt és az olvasó oldalán fellépő érzelmekkel kapcsolatban elmondható, hogy a műben ábrázolt érzelmek képezhetik ugyan tárgyát az olvasó oldalán fellépő érzelemnek, de határozottan különbséget kell tennünk a műben ábrázolt szereplők és az olvasói érzelmek között. A szereplők megkonstruálása és a róluk megosztott információk, valamint azok módjai, befolyásolják az olvasó kognitív értékelését. Ezek alapján Irene részletes érzelmeibe való betekintés olyan szövegstratégiák, mint például az átélt beszéd, pszicho-narráció, belső fokalizáció által, még tapasztalhatóbbá válik és befolyásolhatja az olvasó mentalizációs folyamatait, valamint előidézhet bizonyos empatikus érzelmeket, a mű esetében sajnálatot. Az olvasó tehát nem ugyan azt szenvedést illetve félelmet éli át csupán felfogja és elképzeli a főhős helyzetét abban az érzelmileg felkavaró szituációban, amelyben ő szenved. Bizonyos átfedésről illetve párhuzamosításról abban az esetben beszélhetünk, ha a szereplő és az olvasó is ugyan arra a szituációra reagál, melyre például szolgálnak a történet váratlan eseményei, melyek meglepetést idéznek elő, mint a férj megjelenése a gyógyszertárban vagy a beismerő vallomása. Ez a hatás a belső fokalizációs technikával érhető el, azonban a két érzelmi reakció teljesen itt sem egyezik meg. Irenet teljesen megviselik a történtek, fájdalmat, szenvedést és félelmet érez, majd zokogásban tör ki, míg az olvasó empatikus elképzelései alapján érezhet sajnálatot Irene iránt, illetve érezhet feszültséget és kíváncsiságot a végkifejlet iránt. Fontos azonban megemlíteni, hogy nem csak maga a végkifejlet feszült nyomon követése határozható meg érzelmi élményként, sokkal inkább az olvasó elvárásai a történet kimenetelével kapcsolatban. A kognitív pszichológiai megközelítésből megállítható, hogy feszültséget idéz elő, ha az olvasó bizonyos következtetéseit illetve elvárásait a szöveg nem támasztja alá. A szereplők mellett tehát az események illetve azok bemutatási módja is képes hatni az olvasóra. A műben az előreutalások, konfliktus helyzetek ismétlése és fokozása, az elvárt eseményektől való eltérés által az olvasó oldalán feszültség és kíváncsiság lép fel.

Összefoglalva, a kognitív és evolúciós pszichológia elméletek szerint, nem csak maga a szövegstruktúra vált ki érzelmeket, sokkal inkább az olvasó preferenciái és a narratív szöveg közötti ellentmondásából, amikor a várt cselekmény nem igazolódik be illetve, ha pont az ellenkezője történik, alakul ki egy bizonyos feszültség.

A szereplő pszichoanalitikus bemutatási módja és a szöveg felépítési stratégiája közötti viszonnyal kapcsolatban, az elemzés alapján, elmondható, hogy Irene belső feszült állapotának ismertetéséhez Zweig pszichoanalitikus bemutatási módot használ fel. A szövegfelépítés és az olvasó elvárásainak való ellentmondás az olvasó oldalán vált ki feszültséget. A kapcsolat közöttük tehát, hogy mindkettőt az írói cél határozza meg és használja fel egyfajta eszközként az érzelem bemutatása illetve érzelmi hatás kiváltása érdekében.

Literaturverzeichnis

Primärliteratur

Zweig, Stefan (1957): Angst. Leipzig. Reclam Verlag.

Sekundärliteratur

Balzer, Bernd (Hrsg.)(1990): Deutsche Literatur in Schlaglichtern. Mannheim. Meyers Lexikonverlag.

Balzereit, Marcus (2010): Kritik der Angst. Wiesbaden. Springer-Verlag. Abgerufen am 23.04.2015,von
https://books.google.hu/books?id=YLijEM2XNgkC&pg=PA6&dq=kritik+der+angst&hl=hu
&sa=X&ei=Mo06VYiLA4mcsgHfqYCoBA&ved=0CB8Q6AEwAA#v=onepage&q=kritik%
20der%20angst&f=false

Dittrich, Karin (2010): Psychoanalytische Einflüsse in Stefan Zweigs Novellen. In: Zeitschrift der Germanisten Rumäniens. Heft 1-2 (37-38). S. 43-68. Abgerufen am 16.04.2015, von
http://www.unibuc.ro/n/resurse/zgr/docs/2012/ian/19_10_31_40zgr37partea1pdf.pdf

Fabiś, Agata (2012): Tragisch Liebende im Werk Stefan Zweigs und Arthur Schnitzlers. Kraków. Abgerufen am 12.04.2015, von http://www.stefanzweig.de/arbeiten/fabis.pdf

Fehlberg, Kathrina (2014): Gelenkte Gefühle. Marburg. Verlag LiteraturWissenschaft.de.

Hámori, Eszter (Hrsg.)(2006): Pszichológiai eszközök az ember megismeréséhez. Budapest. Bölcsész Konzorcium.

Horváth, Márta (2010): Új interdiszciplinaritás. A biológiai irodalom- és kultúraelmélet német változatai. In: BUKSZ. 22:3. S. 252-258.

Horváth, Márta (2011): "Megtestesült olvasás" - A kognitív narratológia empirikus alapjai. In: Literatura 37:1. S. 3-16

31

Horváth, Márta/ Szabó, Erzsébet (Hrsg.)(2013): Kognitiv irodalomtudomány. In: Helikon Irodalomtudományi Szemle. Kognitiv irodalomtudomány. Heft 2013/2. S. 139-149.

Martinez, Matias/ Scheffel, Michael (1999): Einführung in die Erzähltheorie. München. Beck.

Mellmann, Katja (2006): Literatur als emotionale Attrappe. Eine evolutionspsychologische Lösung des »paradox of fiction«. In: Klein,Uta / Mellmann, Katja / Metzger, Steffanie (Hrsg.): Heuristiken der Literaturwissenschaft. Disziplinexterne Perspektiven auf Literatur (Poetogenesis 3). Paderborn. Mentis. S. 145-166.

Mellmann, Katja (2007): Vorschlag zu einer emotionspsychologischen Bestimmung von ›Spannung‹. In: Karl Eibl, Katja Mellmann, Rüdiger Zymner (Hrsg.): Im Rücken der Kulturen (Poetogenesis 5). Paderborn. Mentis.S. 241-268.

Mellmann, Katja (2010):Gefühlsübertragung? Zur Psychologie emotionaler Textwirkungen. In: Ingrid Kasten (Hrsg.): Machtvolle Gefühle (Trends in Medieval Philology 24). Berlin, New York. de Gruyter. S. 107-119.

Mellmann, Katja (2011): Emotionale Wirkung des Erzählens. In: Martínez, Matías (Hrsg.): Handbuch Erzählliteratur. Theorie, Analyse, Geschichte. Stuttgart. Metzler. S. 68-74.

Planz, Gabriele (1996): Langeweile. Ein Zeitgefühl in der deutschsprachigen Literatur der Jahrhundertwende. Marburg. Tectum Verlag. Abgerufen am 12.04.2015, von https://books.google.rs/books?id=9Y9z42L08NsC&pg=PA11&dq=langeweile#v=onepage&q=langeweile

Sigmund, Freud (1980): Vorlesungen zur Einführung in die Psychoanalyse und Neue Folge. Bd. I. 9., korr. Aufl. Frankfurt am Main. S. Fischer Verlag.

Szabó, Erzsébet (2012): A narratívák olvasásának kognitív modellálása. In: Literatura 2012/2. Balassi Kiadó. Budapest. S. 115 -125.

Szabó, Judit (2013): Narráció és érzelmek. Válogatás az utóbbi évek elméleti terméséből. In: Horváth, Márta/ Szabó, Erzsébet (Hrsg.): Kognitiv irodalomtudomány. In: Helikon Irodalomtudományi Szemle. Kognitiv irodalomtudomány. Heft 2013/2. S. 247-256.

Winko, Simone (2003): Kodierte Gefühle. Zu einer Poetik der Emotionen in lyrischen und poetologischen Texten um 1900. Berlin. Erich Schmidt.

Wübben, Yvonne (2009): Lesen als Mentalisieren? Neue kognitionswissenschaftliche Ansätze in der Leseforschung. In: Martin Huber/Simone Winko (Hrsg.): Literatur und Kognition. Bestandsaufnahmen und Perspektiven eines Arbeitsfeldes. Paderborn. Mentis. S. 29 - 44.

Žmegač, Viktor (Hrsg.) (1985): Geschichte der deutschen Literatur vom 18. Jahrhundert bis zur Gegenwart. Bd. II/2. 2., unveränd. Aufl. Königstein. Athenäum Verlag.

Lightning Source UK Ltd.
Milton Keynes UK
UKHW040841030921
389968UK00003B/579

9 783668 133525